EL ESCÁNDALO

EL ESCÁNDALO

FERNANDO MARIN

VII PREMIO DE POESÍA HISPANOAMERICANA
FRANCISCO RUIZ UDIEL

Valparaíso
EDICIONES

Número 566 de la Colección VALPARAÍSO DE POESÍA
dirigida por FEDERICO DÍAZ-GRANADOS

Diseño de colección y portada: Chari Nogales

Primera edición: mayo de 2026

© De los poemas: Fernando Marin
© Imagen de portada: Facundo Etchebarne.

© Valparaíso Ediciones
    C/ Fray Leopoldo, 7 bajo, 18014 Granada
    www.valparaisoediciones.es

    ISBN: 979-13-88007-60-6
    Depósito Legal: GR 460-2026

    Impreso en España - *Printed in Spain*
    Gráficas Gami

Un jurado compuesto por los poetas Andrea Cote, Federico Díaz-Granados, Fernando Valverde, y la traductora Nieves García Prados, concedió por unanimidad el VII Premio de Poesía Hispanoamericana Francisco Ruiz Udiel, que honra la memoria del poeta nicaragüense, a *El escándalo*, de Fernando Marin.

A Camila

TRES

*Ni siquiera puedo encontrar un charco lo suficientemente pequeño
como para ahogarme en él sin ser ostentoso*
FRANK O'HARA

EL GRITO

Decía yo y era el mundo
decía el mundo y era mi madre
decía mamá vení y una sola vez no vino
la primera tras la cual llegó la palabra
nunca
lloraba y era sed agitaba los brazos y era hambre
gritaba y era todo lo que quería decir era obvio
obvio el escándalo obvia la leche
obvia su ausencia obvio el calor
gritaba porque no quería decir otra cosa
que lo que siempre había querido decir
hasta que no vino y dije siempre
como siempre se dice siempre
como quien ya dijo nunca
deseando

ESCANDALIZAR

Me enseñaron demasiado bien a pedir perdón
tan bien que me ahogo y quiero pedirle perdón al agua
no hay nada más escandaloso que pedir perdón
sin haber lastimado
pero no puedo hacer otra cosa
pido perdón al agua que me ahoga
al amor que me enmudece
pido perdón a los ángeles a los santos
y a la última persona que besé
pido perdón sabiendo que la mísera misericordia
no me absuelve de nada
no quiero molestar no quiero lastimar a nadie
quiero tener una vida tranquila no hacer ningún escándalo
y la tranquilidad es amar escandalosamente al silencio
y el silencio es callar escandalosamente al amor
soy un escándalo de perdones enmudecidos ahogados
por el agua por el amor por el escándalo de la culpa
no hay nada más escandaloso que la culpa perdonada
pido perdón a los ángeles que besé
a la última persona que me ahogó y a cristo
que murió por mí
me enseñaron demasiado bien a pedir perdón
y no me perdono
la mísera misericordia no me absuelve de nada
porque no me perdono
no me perdono no morir por los que amo
no ser egoísta como cristo me enseñó
no me perdono y perdonar es amar

y no hay nada más escandaloso que pensar que no me amo
quiero llevar una vida tranquila no hacer ningún escándalo
pero sería un escándalo no hacer ni un escándalo
en toda mi vida
no hay nada más escandaloso que cristo
que hizo siempre lo que le pareció correcto
es decir lo que se le antojó

ACCIDENTES ESCOLARES

Ya era capaz de matar a alguien con mis propias manos
cuando los profesores me encontraron en la escena del crimen
mi madre no concebía la posibilidad de que fuera culpable
un buen chico como vos no hace ese tipo de cosas, dijo
en el fondo yo quería que ella pensara que sí
sin poder lastimar a nadie que no sea yo mismo
en ningún escenario que no sea la soledad
con la humildad del santo o el resentimiento de la víctima
creía que para ser hombre debía ser capaz de hacer el mal
y por muchos años lamenté haber sido criado con tanto cariño

VERDADES

Me tuvieron que escupir las verdades en la cara
para que me las crea
una compañera me dijo que le parecía feo
y aunque hoy me llena de orgullo no volveré a ser hermoso
al menos lo supe a tiempo al ritmo del cuerpo es difícil
sacar conclusiones como esa las cosas cambian
de un verano a otro especialmente
los cuerpos los gustos musicales los miedos
la relación con nuestros padres
mis amigos se reían de quienes no se masturbaban
al ritmo de su deseo
yo no porque mi cuerpo ya no era suficiente
y no había nadie a quien culpar
si era eso a lo que llamaban injusticia empezaba a entenderlo
de política sólo sabía que generaba silencios incómodos
en la mesa familiar los adultos ponían caras serias
y decían por favor no hablemos de eso ahora
es un lindo momento
y de eso deducía que había otro momento
en el que sí lo hablaban
al que todavía no estaba invitado
mi madre aprovechaba para ofrecer más guiso mi padre
pedía que le alcancen la sal
como si nada pasara mientras según los diarios
pasaban muchas cosas
finalmente en clase de política
me dijeron que yo también era hermoso

aunque para algunas personas no lo fuera nunca
o al menos eso entendí
y los adultos me parecieron unos exagerados con sus silencios
y muy avaros con sus sonrisas

A CRISTO SE LE ANTOJÓ CRUCIFICARSE Y MI ABUELA LO AGRADECE

Cada viernes santo mi abuela
nos sentaba a leer las 14 estaciones del vía crucis
pascua tras pascua después de almorzar atún
cada uno leía una dos tres estaciones
y jesús caía una dos tres veces
pasaron años empezó a olvidarse
y dejamos de hacerle acordar
después del vía crucis llegaban los chocolates del conejo
buscábamos y buscábamos hasta que cada uno tenía el suyo
ella nos miraba contenta sacaba fotos y nos obligaba a agradecer
gracias conejo, gritábamos al cielo
cuando dejamos de hacerle acordar el conejo dejó de venir
años después con la boca llena de cordero mi primo le recordó:
abuela es viernes santo tenemos que rezar
el año pasado nos olvidamos
a lo que ella respondió con una sonrisa:
no importa ya todos sabemos pedir perdón
y decir gracias·
al cielo
gracias por todo

CEREALES

Con un lápiz negro marcaba mi altura
en la puerta blanca de mi habitación
yo sostenía un libro sobre mi cabeza
mi hermano estiraba el metro y escribía
1,48 1,53 1,57 1,60
mamá uno sesenta mamá uno sesenta
muy bien hijo muy bien ya me vas a pasar
sí te voy a pasar y cuando lo haga
voy a poder comer todos los cereales que quiera
lo cierto es que ya comía todo lo que quería
y cuando efectivamente la pasé la pasé por mucho
y cuando tuve que agacharme para darle un abrazo
me dolía la panza

LA NUBE

Yo los hice tan lindos, decía mi madre
cada vez que aparecíamos sangrando mi hermano y yo
tras haber tropezado con algunos puños
yo los hice tan lindos y ahora mírense
cuando me choqué con una nube no dijo nada
era el fin del cielo y el inicio de la lluvia
pero no había herida a la vista
para estar herido había que sangrar

FORMAS DE DOLER

Fieles creyentes de que se aprende con el cuerpo
mis padres me enseñaban a cocinar para sacarme de la cama
no me daban de comer si no tenía hambre
pero una profesora pensaba diferente
decía que ser alumno significaba equivocarse
le daba igual si con la cabeza con el alma o con los pies
enseñaba Shakespeare a jóvenes que ya conocían la pérdida
hablaba de la muerte de César
y un amigo había muerto hacía unos meses
hablaba de la traición de Brutus
y había muerto a pesar de lo mucho que rezamos
hablaba del amor de Ofelia
y había muerto para siempre
hablaba de la sed de venganza de Hamlet
y el cáncer había muerto con él
recuerdo que preguntó si alguna vez habíamos sentido
algo tan intenso como estos personajes y yo dije que sí
aburrimiento

VESTUARIO

Y por supuesto la certeza
de saberse insuficiente escondiendo los excesos
con toallas blancas inunda el vestuario de hombres
las pupilas se dilatan y miran para todos lados
menos para el centro de atención somos seis
parece un ejército de escándalos un estado de sitio
me quieren ahogar en una ducha mientras escucho
que afuera se persiguen se golpean y se ríen
de alguien que se olvidó los calzones no es divertido
podría ser cualquiera pero soy el único que lo piensa
y no lo digo por generoso esto no es misa yo no soy cura
esto es lo único que nadie nunca nos enseñó
el profesor toca la puerta nos apura pero no entra
esto es quizás lo que somos al final libres entre muros
logro salir de la ducha y me encuentro víctima
de una emboscada
admitiendo enseguida la derrota cierro los ojos
y espero a que pase
sinvergüenza

MI PRIMER POEMA

Un poema es una piedra que se tira al agua
uno lo hace porque la piedra está ahí y el agua allá
no hay mucho más que hacer en la orilla
tranquila y silenciosa de la privilegiada educación
católica apostólica urbana
en la que todo lo que me enseñaron fue con un fin
que el silencio no tiene
la piedra hace *plop* pero siempre le sigue el silencio
y hay que intentar no reírse
porque es ridículo querer callar algo con palabras
pero más ridículo es romper en llanto
e intentar ahogarlo bajo la almohada
porque del otro lado de la puerta
hay una familia que te escucha

MALCRIADO

Como buen hombre hacía de cuenta que estaba bien
como buen hijo estaba enojado
con la soledad y con el mundo es decir conmigo y con mis padres
no sabía de qué quejarme como buen adolescente
decía el mundo y era yo
decía mi nombre y nadie se daba por aludido
sin salir de mi cuarto le pedía a mis hermanos que se callaran
necesitaba silencio para poder convencerme de que estaba solo
necesitaba soledad para poder creer que no era amado
no pedía ayuda porque no la necesitaba no era tonto
me alcanzaba con no entender a Nietzsche y con escuchar punk
hasta las cuatro de la mañana y que me despierten para almorzar
me alcanzaba con no divertirme tanto
con que el mundo no me hiciera caso
como bien me habían enseñado me alcanzaba con muy poco
para preguntarme por qué refutar la soledad y no el mundo
es decir por qué no culpar a mis padres en vez de a mí
si mi madre ya me ahorraba el trabajo rezando
por mi culpa por mi culpa por mi gran culpa

DOS

Promesas que no voy a cumplir
espero te enamores de mí
SANTIAGO MOTORIZADO

OTRA FIESTA MÁS (I)

La fiesta no te necesita
buscás hacerle un favor a la gente
restándote sin el escándalo de irte
para salvarlos de la horrorosa posibilidad
de compartir unos silenciosos tragos con vos
buscás minimizar tu cuerpo para bailar en medio metro cuadrado
como si fuera todo el espacio que necesitás
pensás en el milagro de imaginarte sin cuerpo
para finalmente poder bailar sin chocarte con nadie
no sos necesario no sos esencial
la palabra esencial quiere decir alas
y no hay ninguna evidencia de que las tengas
no sos necesario nadie lo es pero todos lo somos
y te preguntás si ocupás más espacio del que te corresponde
o si te pensás más grande de lo que sos
solo sabés que no deberías pensar en estas cosas
mientras bailás con tus amigos

OTRA FIESTA MÁS (II)

Toda tu vida fue un intento
de hacer silencio sin callar el amor
un silencio a la medida del otro
pero confundís silencio por cuidado
cada paso es hacia el costado para no molestar
cada palabra es una forma de pedir perdón y permiso
querés ser esencial y tener alas pero también ser invisible y mudo
y solo sos un cuerpo es decir urgencia
donde no hay tiempo para la ternura
tenés la culpa justa como para no cometer una atrocidad
y el orgullo justo como para no hacer el ridículo
no te preocupes no molestás a nadie

OTRA FIESTA MÁS (III)

Tarde o temprano
comiendo los restos fríos del asado
antes de irte a dormir en un colchón al pie de su cama
tu amigo quiere que le preguntes con quién se besó
y vos querés que te abrace
no le decís nada pero sabe que lo querés
no te abraza pero sabés que te quiere
está por salir el sol y cerrás los ojos
nunca es mañana si no se sueña

EDUCACIÓN SEXUAL

Explicar por qué nos gustan las mujeres con la precisión
    de sus cirujanos
desear con la vergüenza de un adicto y con el
    resentimiento de una víctima
no sentir nada durante el orgasmo querer sentir algo
    desear la castración
sacarse las dudas probar sentir sondear el sexo opuesto
hasta acorralarlo y que no pueda otra cosa
que querer tener sexo con nosotros
y cómo nosotros exactamente igual a lo que nos imaginamos
imaginar el sexo como nunca nos lo enseñaron
tener sexo y que el mayor placer sea saber que los demás
    lo saben
que dura lo que dura la vergüenza de la chica que
    tampoco disfrutó
porque no se trata de disfrutar y eso es lo que ella no
    entiende
mirar con desesperación a una mujer disfrutar con otro
    hombre
desear con urgencia ser ese hombre y que la
    oportunidad no llegue
sentir vergüenza de sentir alivio desearlo aún más
no entender cómo las mujeres no entienden
lo que significaría que al menos una vez
solo esta vez
por favor
no cuesta nada
dale

PEDIR AYUDA

Para mis amigos y para mí el amor era eso
un pedir ayuda
las caricias entre parejas molestaban a los solteros
que borrachos y drogados se reían y los imitaban
cuando aquellos ya se habían ido a hacer el amor
a la noche cuando pensábamos que nadie nos veía
y todo era una posibilidad porque la droga decía que sí
y el cuerpo decía por favor y la cabeza ya no decía nada
el desubicado era cualquiera menos uno de nosotros
sabíamos que podía pasar pero no sabíamos que pasaba
hasta que pasó y tuvimos que juntar coraje
un mínimo de coraje que no abunda
para admitir que podría haber sido cualquiera

EL DISTRAÍDO

Mis amigos cambiaban de novia cada quince días
y yo haciéndome el distraído les preguntaba
si esa vez era distinto
si realmente estaban enamorados
a lo que respondían como yo habría respondido
si me preguntaban si me veía solo el resto de mi vida
haciéndose los sorprendidos
como si no lo hubieran pensado antes
sin comprometerse porque las cosas podían cambiar
lo que me hacía reír
porque a esa edad todos sabíamos
que las cosas ya no cambiarían

AMIGOS NO LEAN ESTE POEMA

No lo recuerdo bien porque en ese momento no amaba
solo sé que escuchaba metal en mi cama soñando con la violencia
que solo ejercía contra mí mismo cuando salía de casa
y que cuando un amigo me contó que lloró como un bebé
al escuchar de otra boca que lo amaban no le creí
pero el amor despierta al niño que la adolescencia quiso matar
tuve que volver a pensar en quién era porque me lo preguntaban
tuve que volver a pensar en qué quería
además de tener a alguien a quien le interese mi respuesta
tuve que aprender a caminar con las heridas al desnudo
porque habían caído las máscaras los muros
y temprano un domingo me encontré regando las plantas
con ganas de contarle a mis amigos que había llorado

LA MANO ABIERTA

Imaginen un cuerpo desnudo frente a mí
pidiendo —exigiendo— caricias y besos y
sobre todo que me desnude
imaginen el escándalo de perdones
que asedian mi cuerpo minimizado
imaginen el peso de mi mano sobre otra mano
el temblor al acercarse a otras piernas
imaginen el escándalo
los adictos al perdón sabrán
que ante una mano abierta el perdón se queda mudo
y habla la ternura pero imagínense el escándalo
que por un momento supe no pedir perdón ni permiso
y usé la lengua para otra cosa

MI PRIMER POEMA DE AMOR

Escribo que amo escribo en vez de amar
entonces escribo para saber por qué lo hago
para al menos poder responder
como lo harían O'Hara o Ashbery
de manera interesante aunque la respuesta sea mentira
Ashbery escribió en su último poemario
que es más difícil aparentar ser moderno que ser moderno
cincuenta años después de que O'Hara
su moderno amigo muerto
escribiera que es más difícil aparentar ser bello que ser bello
escribo para aparentar que amo
amar en serio es difícil aparentarlo es imposible
escribo porque amo
y no sé cómo hacer para que sepas cuánto
y envejecés

POEMA SIN TERMINAR

Aquí está el poema que iba a escribir antes,
pero que dejé porque te levantabas.
RAYMOND CARVER

Por suerte solo conozco tu forma de amar algo de tu
    manera de ser amada
tus gustos de helado preferidos tu cara cuando te
    concentrás
tus pasos de baile cómo te vestís cómo te ilumina el sol
que entra por la ventana lo mucho que querés a tu
    madre
tu interés por la ecología cómo cuidás a tus amigos cómo
    me cuidás a mí
lo poco que te gusta cómo salís en las fotos
lo mucho que te gustan los gnocchi de tu abuela
que hayas nacido en Tierra del Fuego
lo mucho que hace sentido que tu gentilicio sea fueguina
tus pinturas tu caligrafía tus deseos de ser madre
tus manos las formas de tus uñas
cómo el dedo chiquito del pie se esconde bajo los demás
la manera exacta en que tu nariz se arruga tu llanto
tu orgasmo tu cuerpo desnudo tus resfríos
el tono de voz con el que te dirigís al mozo
tu hábito de quedarte dormida viendo películas
cómo hablás francés cómo me salvaste la vida
cómo preguntás cuando algo te interesa cómo callás
    cuando estás triste
cómo pedís ayuda sin pedirla tus ojos
cómo decís te amo tu número de documento tu
    cumpleaños

dónde querés vivir cuántos hijos querés tener qué querés
    de mí el fuego
el ardiente deseo de vivir que contagia hasta al más
    idiota
pero no hablemos de mí tus sueños tus miedos tus
    heridas
tu canto desafinado cómo leés mis poemas en voz alta
la última vez que fuiste a terapia por qué dejaste de ir tu
    olor
tus secretos tus heridas tus silencios tu risa
tus miedos tus caricias tu omnipotencia en fin
tu forma de amar y algo de tu manera de ser amada
por suerte solo conozco eso de vos y tan pocas cosas más

SORPRESA

Nunca es solo el amor
recogiendo los vidrios rotos del piso aún manchado de alegría
al terminar la fiesta que ella misma organizó
para mí a pesar de mí cumpliendo la última edad deseada
desde el otro lado ya de vuelta mirándome en el espejo
mi cuerpo desordenado por el cariño
los besos todavía despegándose de mí las sonrisas
tropezando como haciendo eco por la habitación
el cielo asomando por el techo para ofrecerme una estrella
mis ojos desorbitados girando sin eje sin centro ni por qué
arriba es abajo más allá del alcohol soy amado
y nunca es solo el amor verdadero también es la sorpresa
de encontrarme creyendo que lo merezco

UNO

¿Qué me ha dado, que lloro de no poder llorar
y río de lo poco que he reído?
CÉSAR VALLEJO

FOTOS VIEJAS

Pasaron años sin avisarme y hay personas que ya no conozco
la primera de las cuales soy yo sonriendo en una playa de brasil
abrazado a un amigo hoy profesional de camisa
sólo el sol es el mismo
las convicciones de entonces murieron en silencio
a fuerza de tiempo y del trabajo de todos los días
que preguntan lo mismo hasta que cambio la respuesta
no pretendo contener multitudes quisiera al menos ser uno
me traicioné al serme fiel por eso fui siempre pedazos de mí
que fui encontrando entre los insomnios y las multitudes
incluso ahora que estoy ocupado que no encuentro lugar
donde poner mis libros y pienso en tirar estos recuerdos
quisiera al menos sonreír para una foto queriendo recordarla
porque es el fin de la que podría haber sido otra vida
porque estoy viviendo la que será y poco a poco me acomodo
a pesar de mí a pesar de las derrotas por las derrotas
y no pretendo otra cosa sólo el sol es él mismo
quisiera al menos saber qué es lo que nos hacía reír
tan honestamente puede que eso no haya cambiado

2020

El mundo estaba asustado de la vida
de la que yo me enamoraba leyendo a Bolaño
después de dos meses sin vernos papá me preguntó cómo estaba
afuera empezaba el otoño y con él mi año 23
esa edad ridículamente final cuando todo recién comienza
la televisión anunciaba la falta de camas en los hospitales
mientras terminábamos de digerir el vacío desinfectado
no le contesté quiso saber de mis estudios le dije que ahí andaban
¿y estás leyendo? me preguntó y asentí y me habré entusiasmado
más de lo debido porque sonrió tristemente como buen entendedor
el encierro es una bendición para quien no quiere salir
y también para quien tiene la llave de más está decirlo
sentí sus dudas en mi sangre que es la suya y agradecí el silencio
si es el tiempo quien debe responder mejor no preguntar
hay que ser muy joven para creer en la posibilidad
de que nada suceda

TELEGRAMA

De pronto ya fue tarde
a mi lado se autoproclamaron listos sin saber para qué
supieron desear lo que les sucedía y soñar solo con lo
    que iría a suceder
aprendieron a callar o dejaron de decir lo que yo quería
    que digan
lamentablemente es lo mismo no pude disimular mi
    confusión
se me rieron mientras sin mirar redactaban un telegrama
exigiendo respuesta inmediata a un desconocido
ellos a quienes había visto suplicar por un beso
se ajustaron los pantalones a la altura de la garganta
apretaron los dientes podridos por la metanfetamina
algunos pidieron ayuda justo a tiempo otros perdieron
    la vida
algunos pidieron perdón a sus padres otros no les
    volvieron a hablar
pero pensaron en ellos cuando consiguieron su primer
    trabajo
de pronto se portaron bien es decir lo quisieron todo
respetuosamente todo menos lo que habíamos querido antes
no había tiempo para eso hacía falta demasiado tiempo
para tener tiempo para eso y ni siquiera parecían tener apuro
pronto tendríamos de qué preocuparnos

VIERNES

Mis amigos ya me conocen
por eso duele que no insistan y duele que duela
porque no es la primera vez ni será la última
ni siquiera doy explicaciones me digo que no las hay
y no me creo me encantaría ser insignificante
a diferencia de los demás y no creo serlo
y es justamente porque afuera está la posibilidad
que prefiero quedarme en casa

MEDITACIONES EN UNA REUNIÓN VIRTUAL

Soy un montón de hojas es otoño en mi cuerpo
siento cómo caen las hojas muertas de mi deseo
soy la hoja cayendo de mí la verdad es que eso explicaría
    bastante
pero qué habrá al final de la caída qué espera la hoja al
    borde del arroyo
podría también ser primavera y que esté abriéndose el
    capullo del deseo
aunque no sé qué sería el pétalo ni qué espera una flor
quizás unos ojos que la miren la verdad es que eso
    explicaría bastante
la duda está servida: ¿es hacia arriba o hacia abajo que va
    el fruto de la espera?
¿es el temblor de un nuevo comienzo o la falsa levitación
    de la caída libre?
lo cierto es que el pétalo y la hoja seca esperan con la
    misma sumisión
la de quien hace su trabajo y lo que quiero en verdad es
    que la hoja vuelva al árbol
que la flor no despliegue su belleza con tanto descaro
el mundo es peligroso para ser tan hermosa en vía pública
lo que quiero es que todo vuelva a ser como fue
cuando fui hoja cuando fui flor cuando fui capullo
cuando fui el sol iluminando todas las posibilidades
lo que quiero es dejar de metaforizar mi tristeza
quiero decirla para que alguien desvíe mi mirada
del punto verde de la cámara que me indica que sí

efectivamente estoy siendo filmado
pero decir es asumir que alguien escucha quiero gritarla
pero no se grita en la vía pública
Barthes dice que el lenguaje es una piel y todos lo aplauden
Cerati dice que si el lenguaje es otra piel toquémonos
    más y un estadio entero lo aplaude
pero hay pieles que no saben de caricias solo se golpean
    se tropiezan se lastiman
pieles torpes que suelen despedazarse florecer caer como
    hojas
hay que revisar las metáforas bajo las cuales nos conducimos
eso es innegable ¿pero el lenguaje es metáfora de piel o
    viceversa?
hay una sola certidumbre: el lenguaje espera
con la misma sumisión que el trabajador que la flor y que
    la hoja seca a la orilla del río

POR UN SEGUNDO VOLVIENDO DEL TRABAJO

La lluvia hace lo imposible para que caiga con ella
considero dejarme caer y bautizarlo resistencia
prefiero mover el pie al ritmo de mis auriculares
sé que no tengo espalda para hacer frente al fondo
tampoco un cielo que justifique el desplome vamos
mañana es este día y el anterior al menos sé qué hacer
prefiero que se me escape un canto suave durante el
    estribillo
y comprobar en las incómodas expresiones que me rodean
que existo el orgullo como el miedo en soledad es dos veces
pero quién está realmente solo en una ciudad como esta
intentar bailar ya es bailar eso me digo al menos
el escándalo sería caerme o el silencio con que se cierra
    una herida
ni las veredas mojadas ni el ritmo frenético de mi playlist
    ayudan
pero no me puedo quejar soy la lluvia si caigo es sin
    agotarme
vengo de otro lado tengo momentos románticos y mi
    parte de tragedia
prefiero cantar a todo pulmón a todo corazón a todo cuerpo
y comprobar en el calor de mi piel bajo la ropa mojada
que insisto

EXAMEN VOCACIONAL

Me preguntan qué quiero y respondo qué no
me preguntan quién soy y respondo lo que quiero
no es la primera vez que me confieso y no me creen
narcisismo aparte no queda nada
solo las pocas máscaras con las que fui amado
por las que digo que estoy dispuesto a matar pero no a morir
soy hijo de los secretos de la culpa del deseo ningún lugar
me recibe ya estoy adentro cuando pido permiso
tengo miedo de mí mismo no soy yo quien manda
no elijo lo que elijo ni aún sabiendo por qué lo hago
la fuga no es una opción es un después que nunca llega
no es la primera vez que quiero callar desde que empecé
    a escribir
pero es lo mínimo que puedo hacer sin sentir que hice
    demasiado
sin sentirme fruto de la sangre y raíz de la violencia
tener éxito es solo tener razón sobre uno mismo
y yo no creo que haya alguien mejor que yo para salvarme
me convertí en hombre a pesar de mí

PLAN DE CARRERA

Solo poder decir al menos lo intenté
y quizás ni siquiera eso
pero entonces callarme la boca

CERO

De la revolución prefiero la necesidad de conversar entre amigos
ENRIQUE LIHN

RITUAL

Estamos siempre los mejores ni más ni menos que los
que somos

el sol de mediodía rompe el cristal de la ventana chilla la
carne pidiendo sal

el perro pide agua y agua es justo lo que no hay todo lo
demás alcanza

pelotas de fútbol por encima de la mesa risas gigantes no
dejan lugar

apenas consigo un banco donde sentarme al lado del
fuego

si me quejo el asador me deja sin comer

parece leerme la mente

me da una palmada en la espalda que siento

como daga y como palmada en la espalda

son las tres de la tarde la carne sigue roja como las
mejillas de todos los comensales

estamos los mejores no falta nadie aunque siempre falta
alguno

cuando sea yo espero que no caminen descalzos cerca
del fuego

ni que piensen en mí alrededor de esta mesa solo risas
gigantes

que conquistan mi risa que ya es una de ellas

rio como quien recuerda o como quien extraña no
importa no rio reímos

se rompen los vasos de vidrio vacíos de pena

se desparrama la sangre de un animal mezclándose con
la de cristo

un ritual pagano en el que paga dios o invitan los
    pudientes y no se habla
se queja se grita se canta se llora se insulta se ataca se
    busca y muchas veces se encuentra
el límite y cada uno vuelve a donde partió como un
    exilio a un desierto de unos segundos
sin dios al que recurrir más que el vaso lleno de sábado
    y olvido
ya no se olvida como antes eso se piensa y eso pienso en
    mi vuelta a mí
hay demasiado por olvidar para un solo día demasiado
    tiene cada uno de suyo
que nunca dijo en voz alta que ya nunca olvidaría
    voluntariamente
todos miran al asador que devuelve la mirada desafiante
    como un abismo
como diciendo los primeros serán los últimos son recién
    las tres de la tarde
de un sábado de marzo estamos los mejores aunque
    siempre sobra alguno
cuando sea yo espero darme cuenta

POEMA EN PRIMERA PERSONA
DEL PLURAL

Crecemos aprendiendo a desconfiar como los cuerpos de
   nuestros abuelos que rechazaron los órganos que los
   salvarían
vemos a nuestros abuelos morir y a nuestras madres llorar
   como hijas
tenemos nuestros primeros encuentros sexuales dentro de
   un auto después de haber visto porno hasta quedarnos
   ciegos
terminamos nuestra primera relación amorosa sin haber
   sentido nada de lo que hablan los poetas
nos enojamos con los poetas y con Disney y con toda la
   industria del entretenimiento
leemos a poetas enojados con los demás poetas y vemos
   películas en las que el héroe ya no lleva los colores de
   Estados Unidos
no sabemos qué hacer cuando nos miran a los ojos sí sabemos
   pegar cuando nos pegan
comemos arroz tres veces a la semana habiendo sido criados
   a base de carne vacuna
nos quedamos dormidos volviendo del trabajo y teniendo
   que estudiar
escribimos poemas en primera persona del plural volviendo
   del trabajo y teniendo que estudiar
la primera persona del plural nos deja decir cualquier cosa
nos universalizamos nos protagonizamos nos enfocamos
   en lo nuestro pero hablamos en primera persona del
   plural sobre problemas generacionales que no nos afectan

nos quejamos del desinterés político pero sentimos la
    necesidad de justificar la escritura de un mísero
    poema en primera persona del plural
pegados a la ventana del tren romantizamos el verbo
    romantizar y nuestras vidas e imaginamos que una
    chica sentada a cinco metros está pensando en nosotros
    y la primera persona del plural queda tan lejos que lo
    descartamos llegando a casa
abrimos la aplicación de citas a ver si conseguimos que
    alguien nos abrigue porque la calefacción está muy cara
vemos a nuestros amigos menos de una vez a la semana
    vemos a nuestros padres menos de una vez a la semana
sabemos que estamos solos pero así son las cosas
salimos de fiesta y nos vamos temprano y sin anécdotas
escapamos de los compromisos porque la soledad nos sienta
    bien
huimos de la persona que mejor nos conoce pero todos
    huyen como nosotros así son las cosas
aunque los poetas no lo admitan hasta para en el amor
    existen excesos
no queremos complicaciones innecesarias tenemos cosas
    que hacer
aunque nos aburrimos y salimos a comer con alguien
    que no nos cae bien pero al menos no nos juzga
vamos a una pizzería y preferimos sentarnos afuera para
    sentir el viento en la cara
vamos a la cancha seguimos yendo a la cancha es el
evento que seguimos compartiendo con nuestros padres
volvemos cansados es domingo a la noche y la heladera
    está vacía nos vamos a dormir sin comer
tenemos trabajos que no nos interesan pero así son las cosas

nos preguntamos si los robots nos dejarán sin trabajo o
   sin trabajar aunque ya sabemos la respuesta
romantizamos la pobreza la proeza la pereza la perversa
   depresión que no nos saca de la cama
a cada paso escribimos pequeñas comedias románticas
   pequeños románticos dramas somos realmente
   prodigiosos escritores de ficción
escribimos historias en la que somos personas decididas
   como las mujeres que nos gustan
pero no terminamos nuestras propias historias que ya
   pensamos en la secuela de la secuela somos nuestra
   propia fanfic nuestro propio remix con la flamante
   participación de un artista colombiano
sabremos que es el fin cuando nos quedemos sin historias
   que contar pero ya hoy salen exclusivamente remakes
   de películas de los 70
queremos historias nuevas pero no las escribimos nosotros
   porque pensamos en otra cosa
vivir en el siglo veintiuno es sinónimo de estar pensando
   en otra cosa
a la mierda con el término medio de Aristóteles el medio
   depende de dónde estemos parados y hoy nos
   enteramos de todo nadie se puede hacer el distraído
nunca supimos tantas cosas y pudimos hacer tan pocas
dejamos nuestros estudios después de conocer las drogas
entramos a rehabilitación después de conocer a dios sabiendo
   que está muerto
por primera vez le decimos a un amigo que lo queremos
   también sabiendo que está muerto
nuestros padres quieren hacernos creer en algo pero ya
   sabemos que van a morir

solo creemos en la muerte

desconfiamos de todo excepto de la muerte de nuestros padres

desconfiamos del futuro de la política del poema del amor
  desconfiamos del amor ahí está el problema nada puede
  salir bien

desconfiamos de la primera persona del plural

CRECER

Crecer crece el árbol la ciudad el cielo
crecer crece la angustia el cansancio mi biblioteca
crecer crece un poema que olvidé haber escrito
crece todo alrededor de mí menos la planta nueva que
    compré
porque solo crecían las cuatro paredes de mi departamento
la soledad no crece el silencio tampoco aunque los riego
más que a mi planta y que al jardín de mi madre
crecer crece la tristeza en mi felicidad y el asco en mi
    tristeza
crece todo excepto mi colegio primario que hasta parece
    achicarse
crece todo lo que no soy hasta parezco achicarme
crece la exactitud de mi límite la distancia entre abrazos
crecen las verdades que son siempre las mismas al no ser
    dichas
la felicidad para mí no crece solo viene y va felizmente
como el dolor
crecer crece el universo según dicen
insistiendo en hacernos cada vez más nada
nadas que crecen nadas que nadan en aguas que no
    crecen
pero que hacen crecer la sed y el ahogo la vida y la
    muerte
crece el barrio en el que crecí sus negocios y su gente
crece la relación con mis amigos porque ellos crecen
y crece el esfuerzo que hago para ponerme a su altura
crece todo alrededor del deseo que no se achica

crecen las despedidas y las personas que hoy ya no reconocería
si me las cruzara por la calle porque crece mi ego y todo
    lo que olvida
crece la única razón por la que escribo lo que todavía no
    dije
el diccionario no crece tampoco el vacío
crecer crecen los arrepentimientos las anécdotas los
    secretos
crecer crecen las últimas veces los perdones los escándalos
crecer crecen mis padres y mis amigos
crecer crece el tiempo que hubiera hecho falta
el resto es poesía

ÍNDICE

UNO

CERO